I0839820

Symphonia

Vlad Stanomir

23. September 1980

Bukarest

überarbeitet von Christa Nehls

Juli 2017

Die Deutsche Nationalbibliothek verzeichnet diese Publikation in der Deutschen Nationalbibliographie; detaillierte bibliografische Daten sind im Internet über http://www.dnb.de abrufbar.

© der deutschen Ausgabe: Verlag Menschin,
D-68199 Mannheim, September 2015
Cover und Satz: Dirk Henel, Mannheim; Barbara Metzler, Langenargen

Erste Auflage

www.menschin.com

ISBN 978-3-944126-25-8

Vorwort

…eine besondere Geschichte aus Rumänien. Vordergründig eine Liebesgeschichte. Doch es ist mehr, vielschichtig, vielgestaltig verwebt der Autor verschiedene Ebenen und verstrickt den Leser in die unterschiedlichen, scheinbar willkürlich aufgesetzten Handlungsstränge. Letztlich findet der Leser kaum noch den Weg aus dem Labyrinth der Handlungen.

Das Dunkel der Konzertsäle, Symbol für die Anonymität, Schutz vor Kontrolle und Denunziation. Alles schwingt in den Tiefen mit, verliert sich zwischen den verschiedenen Ebenen, verstrickt sich bis zur Absurdität. Obsession steigert sich zum Wahnsinn.

Dagegen das Donaudelta: hell, die überbordende Schönheit der Natur, die alles und jeden berührt, das Wasser, die Pflanzen, der Sumpf. Und doch - bedrohlich, verschlungen, gefährlich. Die Brutalität der Natur überträgt sich auf die Menschen, so dass nicht klar ist, wer bestimmt, die Natur oder der Mensch.

Die wirtschaftlichen Probleme der Zeit, schlechte Ernten in einem Agrarland, die geringe Bildung der Landbevölkerung, das hohe Ansehen der Boiaren finden ihren Ausdruck in den Bemühungen des Kampfes gegen alle Widrigkeiten, um für alle eine Grundversorgung zu sichern.

Christa Nehls
Mannheim, Juli 2017

Margareta?! Margareta ist die rasendste unter ihnen, die Schlimmste, die Fürchterlichste. Sie ertränkt ihre Opfer langsam und zieht diese nicht in einen Wirbel, nein, eher in seichtes Wasser. Sie sollen sich noch mehr quälen und sich sträuben, und sie will lachen und lachen…

Ja, auch die anderen sind nicht viel besser. Wir kennen sie doch alle, Constanta, Alexandria, auch Cristinela, Polixenia und alle anderen, die es noch gibt. Aber keine ist wie Margareta. In den Dörfern rings umher, solltest du es nur wagen, ihren Namen zu nennen, solltest du es nur wagen…

Vladi drehte sich ungeduldig auf seinem Stuhl, dieses ständige Getratsche ging ihm auf die Nerven. Zwar sprach die Person leise, fast flüsternd, aber sie war sehr nahe, vermutlich in der Reihe hinter ihm, und ihr Mund ging in einem fort, wie ein Mühlrad. Er wollte aufstehen und seinen Platz wechseln. Aber der Stuhl knarrte so laut, dass von allen Seiten Mahnungen und Proteste zu hören waren.

„Zum Teufel", sagte Vladi, „aber diesen, der da flüstert, diesen hört keiner."

„Siehst du", fuhr die Stimme im Dunkeln fort, „jetzt kommt die Flöte. Das Orchester spielt langsam, als würde es erzählen, was könnte es denn sein? Was Anderes als Margareta? Ich weiß es ganz genau, im Manuskript ist es angemerkt: „Margaretas Beschreibung". Wir werden uns die Flöte anhören, und jeder wird die Musik verstehen, wie er will. Letztendlich ist es das Ziel der Musik, uns alles träumen und fantasieren zu lassen. Hier geht es um ein musikalisches Stück besonderer Art, ein Stück mit Textvorgabe. Ein erotisches Märchen, auf dem die ganze Musik aufbaut. Daher all die gegensätzlichen Diskussionen, all die Auseinandersetzungen und der Streit. Jeder will es besser wissen, jeder will authentische Quellen haben, und jeder kommt mit seiner eigenen Variante vom Märchen.

Doch kehren wir zurück zu Margareta. Es handelt von ihr. Alle sind einverstanden, es ist Margaretas Porträt. Ich lasse den romantischen Schwachsinn weg, die engelhafte Darstellung, du kennst sicher diese Art: blond, blaue Augen, besonderes blond, besondere blaue Augen… Was für ein Unsinn! Andere Leute mit Ausbildung in Paris, dekadent, destruktiv, verlockt von der Entmythisierung – und es sind nicht wenige – versuchen aus Margareta irgendeine Dorfhure zu machen, so eine Art Schmutzmädchen, welches nur durch Zufall zur zentralen Gestalt geworden ist. Ja, und da hast du so eine Art Beschreibung: Margareta wäre vom Körperbau klein, mit kurzen Beinen und dickem Hintern. Dunkelhäutig wie eine Zigeunerin, schmutzig, schlampig aussehend. Man besteht auf Details. Ihre Fingernägel wären schmutzig, ihr Haar klebrig und sie würde fürchterlich stinken. Auch hätte sie einen Augenfehler gehabt und würde schielen. Aber trotz allem, sagt man, sie sei eine reizvolle Erscheinung, voller Sensualität. Und noch eine Kleinigkeit, eigentlich die einzige beachtenswerte: ihre Stimme, sie hätte eine schöne Stimme, eine verlockende Stimme. Sie müsste nicht singen, von ihr gesprochene Worte genügten, um jeden zu bewegen, der zuhörte."

Diese letzten Worte erregten Vladi noch mehr. Ohne es zu wollen, dachte er gleich an seine Geliebte. Oh Gott, wenn jemand sie auch in der Art betrachtete, ihre Nase oder die Augen…

Absichtlich hatte er an Augen und Nase gedacht und nicht an Beine, Brust oder etwas mit Erotik verbundenem, so etwas machte ihn rasend. Er war in seine Freundin so besessen verliebt, dass er sich gar nicht vorstellen konnte, jemand betrachtete sie als ein geschlechtliches Wesen, als eine Frau. Er wollte gar nicht wissen, dass ihr auf der Straße jeder Mann nachschauen könnte. All dies war eine fürchterliche Qual für ihn. Er zitterte am ganzen Körper und kalter Schweiß überkam ihn. Hilflos und wütend würde er sich am liebsten selbst ins Gesicht schlagen. Im Zug hatte er zufällig eine Diskussion über eine Vergewaltigung gehört, irgendeine Frau wurde auf der Straße angegriffen, sogleich dachte er an seine Geliebte. Er musste sofort auf den Korridor hinaus und das Fenster öffnen, um frische Luft zu schnappen. Seit einigen Wochen, genau von dem Moment an als er sie kennen lernte, lebte er in ununterbrochener Erregung, die ihn ermüdete und ihn langsam niederschlug. Er war abgemagert, hatte verwirrte Blicke und lief wie ein Verrückter durch die Straßen. Man konnte sich nicht mehr mit ihm verständigen.

„Hörst du die Flöte, wie wunderbar sie klingt?", wurde nebenan weiter geflüstert. „Gerade diese Partitur ist mein festes Argument. Ich bleibe bei der Überzeugung, dass Margareta ein schönes Mädchen ist, im wahrsten Sinne des Wortes. Anders kann es nicht sein, es wäre auch ungerecht, wirklich! Hör zu, hör zu… selbstverständlich erzählt die Melodie von einer Margareta der Schönheit.

Sag mir nicht, dass du an ein Schmutzmädchen denkst! Ja, sicher, sie hat so viele Männer ertränkt! Ihr einfaches Erscheinen genügte, und die Männer waren ihr hilflos ausgeliefert. Und falls ich dich doch nicht überzeugt habe, lass uns an Dicles denken, den dekadenten Maler. Dicles, der vermögenslose Neffe des Boiaren Dinu Raduliade, der Herr des Landgutes von Cărămidari. Na gut, dieser Dicles, von welchem man sagte, er sei ein absoluter Idiot, und er wäre besser nicht geboren. Es heißt, er sei das Kind einer gewissen Frau Raduliade, unverheiratet und gut über die vierzig, gezeugt mit einem Bauern aus Cărămidari.

Na gut, dieser Dicles, obwohl er unbedingt modern scheinen wollte, hatte in Paris Kunst studiert und er hatte eine sichere Hand. Als Beweis dafür stehen die wunderschönen Perspektiven, die er nach den Skizzen eines Architekten gezeichnet hatte: die zukünftige Schule aus Cărămidari, das zukünftige Krankenhaus, die Brotfabrik, das Waisenhaus… Boiar Dinu, sein Onkel, hatte ihn gebeten, sie zu zeichnen, denn er wollte den Gästen seine Zukunftspläne ausführlich und bildlich zeigen. Wenige wissen aber, dass Dicles auch Margareta gemalt hat. Er, welcher sonst wirre Farbmischungen zu Papier brachte, hatte Margareta in der Technik der Renaissancemeister gemalt. Man weiß nicht, ob es eine Bestellung war, oder ob er einmal etwas Anderes versucht hat. Nebenbei gesagt, ist das Gemälde verloren gegangen, aber es gibt Zeugenaussagen, den Leuten hat es gefallen. Man gratulierte Dicles sogar. Aber er meinte, dies wäre keine Kunst und der Fotograf aus der Stadt, Herr Levi hätte die ganze Sache besser und mit weniger Mühe verrichten können. Doch lassen wir hier die Kunsttheorie, kehren wir zurück zu Margareta, so, wie sie Dicles gesehen hat: ein mittelgroßes Mädchen mit zarten Knöcheln und Knien, aber mit vollen Waden und Hüften einer zukünftigen Mutter. Ein allgemeines zartes Aussehen, kleine Brüste, längliches Gesicht…ich weiß, ich weiß, ich bin nahe daran in ein Schema zu fallen, doch so hat der Maler sie gesehen.

Krause Haare, kurz geschnitten, wie ein Knabe, aber es steht ihr gut. Großer Mund mit vollen, sensiblen Lippen, vielleicht ein bisschen… vulgär, nein, diese Bezeichnung würde nicht passen. Wenn sie lächelt, enthüllt sie eine Zahnlücke, hat Grübchen in den Wangen und ist ganz hinreißend. Kein Wunder, dass alle Wanderer, die sie im Sumpf getroffen haben, dort ihre Knochen ließen, obwohl viele von ihnen vor ihr gewarnt worden waren. Wie soll man sich vorstellen, dass ihre dünnen Arme stärker als der Nacken des dicken, kräftigen Händlers sind, oder dass der Aufseher, welcher Scharen von Räubern verjagt hat, sich wie ein Kätzchen ertränken lässt, in einem schlammigen Wasser, welches kaum bis zu den Knien reicht. Doch lassen wir das… Ich erzählte eben von ihrer Stimme. Hier sind alle Meinungen gleich, eine Götterstimme. Man erzählt, Dicles hätte seinem Onkel, dem Boiar Dinu, der Fortschrittliche, so in etwa berichtet: das Mädchen singt eigentlich nicht, sie murmelt nur einige Bruchteile von Wörtern und wie durch Magie erklingt ihre Stimme im ganzen Sumpf. Dann ergreift Furcht und Aufregung die Menschenseelen in der Umgebung. Man hört sie erst wie ein Summen, dann erscheint es einem, als ob der Wind im Schilf weht oder die Vögel mit den Flügeln schlagen, dann wieder, als ob die Gewässer hochsteigen. Dann, ein Kichern, und es gibt keinen Zweifel mehr, sie ist es, Margareta, der Schrecken der Teiche."

Vielleicht gibt es eine Pause, dachte Vladi, und ich kann dann hinaus. Solange das Flöten-Solo erklang und im Saal Ruhe war, außer dem Flüstern dort hinter ihm, wagte er es nicht. Er verfluchte seine Entscheidung, in ein Konzert zu gehen. Er hätte sich doch eben so gut in einen Park setzen, etwas essen oder durch die Läden schlendern können. Welch dumme Lage… Wie ein Gefangener in einem Konzertsaal zu sitzen und den Blödsinn dieser Geschwätzigen hinter sich aushalten zu müssen! Musik war das letzte, was ihm jetzt fehlte! Wie wäre es, wenn er jetzt aufbrechen würde? Egal, wenn er all die Leute störte. Letztendlich hatte er die Karte bezahlt, das bedeutete jedoch nicht, bis zum Ende bleiben zu müssen. Doch er tat nichts. „Warte noch zehn Minuten", sagte er zu sich, „vielleicht spielt bald das ganze Orchester, und dann wird es niemand merken". So versuchte er sich zu entspannen und an seine Sorgen zu denken.

Er musste einige Stunden in dieser Stadt bleiben. Er war morgens am Bahnhof angekommen, unrasiert und gereizt von der Eintönigkeit der Reise. Er versuchte nicht an seine Geliebte zu denken, doch das regte ihn nur noch mehr auf. Er hatte sich entschlossen, die wenigen Stunden in Bahnhofsnähe zu verbringen, sich nicht zu entfernen. Er kannte die Stadt ja nicht und wollte sie auch nicht kennen lernen. Eigentlich, wusste er selbst nicht, was er wollte. Abends würde er zu Hause ankommen, er würde sie treffen…Oh Gott! Wieder hatte er Kopfschmerzen. Er spazierte durch die Straßen rings um den Bahnhof, schmutzige Straßen, voll von Zigeunern und Obdachlosen, die schon morgens mit dem Trinken begonnen hatten und direkt auf dem Bürgersteig schliefen. Er wusste nicht mehr, wie er vor den Eingang gekommen war und abwesend eine Werbung betrachtet hatte.

„Na komm, komm, mein Herr", hatte ihn eine Frau in blauem Kittel in Empfang genommen, „das Konzert hat schon begonnen. Denkst du, du kommst hier herein, wie und wann du willst?"

„Ich bitte um Entschuldigung", Vladi wusste nicht, was er sagen sollte.

„Lass die Entschuldigungen und zahle das Eintrittsgeld!"

Vladi hatte nur einen Hunderter bei sich, die Frau nörgelte, sie habe auch kein Kleingeld, dann nahm sie die Banknote und ging sie umtauschen. In dieser Zeit hatte Vladi nichts gesagt, nichts unternommen. Die Frau brachte ihm das Restgeld, riss eine Eintrittskarte, dann fasste sie ihn am Ärmel und drängte ihn hinter den Vorhang. Im Konzertsaal war es dunkel, er hörte noch, wie die Frau ihn ermahnte, leise zu sein und nicht zu stören, dann blieb er allein und verlassen im Dunkeln stehen. Ein schwaches Licht kam von der Bühne, das Orchester spielte leise eine sanfte und ruhige Melodie. Er wusste erst nicht, was er tun sollte, suchte aber anschließend tastend einen freien Stuhl und setzte sich.

„Man hat öfters die Frage gestellt", ging das ärgerliche Flüstern weiter, „was Margareta letzen Endes im Sumpf zu suchen hatte, wann sie dort erschienen war und woher sie eigentlich kam. Es gab dazu mehrere Antworten, unsinnige und romantische. Eine Geschichte ist mir im Sinn geblieben, zwar fern von der Wahrheit, beweist aber, wie sehr die Menschen zu Drama und Gräuel neigen. Demnach sei Margareta eine Waise, sei in einem Dorf erschienen und aus Mitleid auf den Bauernhöfen großgezogen worden. Sobald sie arbeitsfähig wurde, diente sie als Magd mal hier, mal dort. Sie war fleißig und ruhig, deshalb wurde sie bald zur Adoptivtochter des ganzen Dorfes. Irgendwann wurde den Bewohnern klar, dass sie nicht ganz bei Sinnen war. Sie sprach nicht viel, verlangte nichts, man musste ihr nur Beschäftigung geben und sie ernähren.

Als sie heranwuchs und immer weiblicher wurde, nahm die Pfarrerin sie zu sich, um sie vor der bösen Welt zu schützen. Zwar hatte das Mädchen weder Augen für Jungs noch für andere Dinge, doch die Jungs hatten Augen für sie, und nicht wenige hatten versucht sie zu verführen.

Bitte, da ist die Spannung, und gleich folgt die Tragödie. Das Mädchen war häuslich und willig; da fanden sich drei Burschen, die sie zum Strohschneiden in den Sumpf lockten. In der Wildnis der Teiche vergewaltigten die Burschen Margareta und ließen sie dort allein zurück.

Das Dorf aber hatte eine strenge Justiz. Es brauchte keine Polizisten und keinen Staatsanwalt, um Ordnung zu schaffen. Die Abwesenheit des Mädchens wurde gleich bemerkt. Bis zum Nachmittag hatte man die drei Schuldigen schon festgenommen. Die Bauern sind losgegangen, um in den Teichen nach ihr zu suchen.

Von hier ist es einfach, oder? Sie haben das Mädchen nicht gefunden. Und von diesem Tag an breiteten sich Margaretas Gesänge sanft über dem Sumpf aus und riefen die verwirrten

Wanderer in ihre zarten Arme, aus denen kein Entkommen war.
Eine schöne Geschichte, dennoch weit entfernt von der Kernfrage. Man versuchte zwar aufzuklären, was mit Margareta geschehen war, doch was war mit den anderen? Mit Alexandria, Cristinela, Polixenia und wie sie alle hießen? Was war mit der Doppelbrust, mit der Dreifachbrust, dem Selbstbefriediger, mit dem Hunderudel?

Siehst du, keine Antwort! Die Wahrheit liegt ganz anderswo. Die Wahrheit ist, dass Margareta von nirgends gekommen ist. Sie gehört zum Teich, sie ist immer dort gewesen, dort im Sumpf, zusammen mit den anderen Gestalten. Es ist so einfach… Du wirst vielleicht fragen: Warum? Was ist das für ein Teich? Na eben! So lässt sich alles erklären: diese Moore, Seen und Teiche, Kanäle und Schwimminseln, ein richtiges Delta, sie sind nichts anderes als ein Paradies, ein Paradies der Erotik und der Liebe. Ein magischer Platz, wo die Natur nur Liebe ist.

Tier- und Pflanzenreich sind ganz und gar entfesselt, die Tauben paaren sich in einem fort, ihr Gurren hört man von Weitem, die Bäume blühen jeden Monat und tragen Früchte. Es gibt keine Jahreszeit, kein ungünstiges Wetter. Hier gibt es nichts Gleichartiges, die trockenen Äste fallen auf den Boden, ziehen Wurzeln und blühen. Ich sage, alle Dämme sind gebrochen. Das Hunderudel hat eine ewige Hochzeit. Unzählige Löwenzahnschirmchen schweben durch die Luft, überall wimmelt es von Tieren und jedes Männchen paart sich mit seinem Weibchen. All das geschieht ruhelos, pausenlos. Tag und Nacht, ein Wahnsinn. Die Tauben, die miteinander verflochtenen Lianen, sie sind der Rahmen, die Landschaft. Dazu kommen die wesentlichen Gestalten des Paradieses, Margareta und ihre Schwestern, Dion, und diese Busen, groß wie Scheunen, gruppiert zu Zweit oder zu Dritt, davon auch Namen wie Doppelbusen und Dreifachbusen. Hier ist das Geheimnis des Paradieses zu suchen. Was ist mit diesen mordsüchtigen Mädchen, was ist mit Dion, dem Selbstbefriediger, dem mit zwei Phallussen und einer Hand? Darüber wurde schon viel kommentiert und diskutiert.

Doch halt, wir entfernen uns von der Musik. Ein Cello spielt eine ernste Melodie, doch sie ist leicht zu interpretieren. Wer anders als der Boiar Dinu Raduliade, der Fortschrittliche, wird beschrieben?

Und wieder hilft uns Dicles, der Maler. Er ist gerade auf einer kleinen Sandinsel und mischt seine Farben. Er konnte Margareta nicht überreden, ihr Leinenhemd auszuziehen und ihm Modell zu stehen, die Nymphe weigert sich beharrlich.

Auch wenn immer behauptet wird, es gäbe kein Durchkommen durch den Sumpf, jeder Reisende würde dort sterben, es gibt Ausnahmen. Und Dicles ist eine davon. Er kann dort ungestört herumspazieren. Über ihn äußerte sich Charles, der Diener des Boiaren Dinu: „Kein Mädchen kann den lieben Dicles umbringen, er ist viel zu abstrakt, er ist nicht von dieser Welt."

„Ma Chère", sagt gerade Dicles zu Margareta, während er eine besondere Farbmischung versucht, „mein Onkel Dinu ist ein Träumer. Seine Ideen haben überhaupt keinen Wert. Sie sind zwar fortschrittlich, ja modern, können aber nicht verwirklicht werden. Er will die Bauern aus dem Elend holen, will aus ihnen wohlhabende, landwirtschaftliche Arbeiter machen, erhaben und gebildet, so wie er es in England erfahren hat. Er meint, so sei die Leistung am größten. Er will eine Schule im Dorf bauen, ein Krankenhaus, ein Waisenhaus, eine Brotfabrik…

Nun, der alte Raduliade, Dinus Vater, Gott sei ihm gnädig, hat das Landgut bei Gelagen vertan. Zehn Taxis reihten sich am Tor des Hauses, brachten eine Kapelle und Damen vom Kabarett. Ich kann es nicht vergessen, einmal hat er einen ganzen Waggon Champagner erhalten, und morgens, als der Nebel am dichtesten war, lief er mit den Damen am Bach entlang, er trug nur Unterhosen, und die Damen… nichts. Und was für Feste! Und was für ausgiebige Festmahle! Er hat das Landgut vertan, hat es mit Hypotheken belastet, aber mit Stil.

Hingegen mein Onkel Dinu? Er hat das ganze Silber verkauft, um zwei Landvermesser einzustellen. Wozu? Das Vermögen ist so gut wie verloren. Doch er sollte mit Würde untergehen, nicht wie ein verzweifelter Pächter. Wir sind am Ende, aber wenigstens soll man mit Stolz erzählen können, wie es dazu kam. Keiner gibt zwei Groschen auf seine Zukunftspläne. Er ist dennoch angesehen, seine Ausstrahlung imponiert den Frauen und durch sie der ganzen Gesellschaft."

„Ich hörte", säuselte Margareta, „er sei groß und dünn und schön."

„Na ja. Als Künstler sehe ich Schönheit aus einem anderen Blickwinkel. Er gefällt den Frauen, sagte ich dir ja schon. Aber das ist eine relative Meinung."

„Ich hörte", gab die Nymphe nicht auf und streckte sich wie eine Katze, „er sei elegant, pflege seine Nägel, rauche Zigaretten aus holländischem Tabak umhüllt von braunem Papier. Er habe Augen…"

„Ja, das stimmt alles", stimmte ihr Dicles zu. „Er hat in London gelernt, sich zu benehmen. Er ist groß gewachsen, wie du sagst, und das hilft ihm besonders. Dennoch hat er nicht verstanden, dass die Zeiten der adligen Gutsherren vergangen sind, dass die Pächter und Händler uns unausweichlich beseitigen. Er will nicht aufgeben. Seine Jugendfreunde aus englischen Landwirtschaftskreisen haben ihm eingeredet, der Boden sei gut, man könnte noch etwas retten. Von wegen! Das Gutshaus ist baufällig, Charles, der Diener, serviert Champagner aus seinen privaten Beständen, und Boiar Dinu will eine Schule im Dorf bauen.

Nun ja, Boiar Dinu Raduliade ist der Erbe. Die Auen, Weiden, der Wald und das Gutshaus gehören ihm samt den Schulden und den Hypotheken, dem Elend und der Ruine, aus der sich das Gut von Cărămidari zusammensetzt. Er ist nicht mehr der Jüngste, schon über fünfunddreißig Jahre alt. Hat in Paris Philosophie und Recht studiert, und in London (heimlich) Landwirtschaft. Man hat ihm vorgeschlagen, alles zu verkaufen, so wie es war. Er hätte noch etwas Geld herausgeschlagen, doch wollte er nichts davon hören.

Er hat alle Diener und das Hofpersonal entlassen und nur Charles, den englischen Diener, eine Köchin und einen Gärtner behalten. Anstatt des französischen Cognacs gab es den einheimischen Pflaumenschnaps. Gäste empfing er nur noch donnerstags. Die ganze restliche Zeit verbrachte er mit seinen Fachbüchern auf den Feldern, mit den Bauern bei der Feldar beit. Er war immer fein angezogen und er ritt einen Vollblüter, für den man ihm zwanzig Goldstücke angeboten hatte. Er hatte immer einen Meterstab dabei, um die Tiefe der Furchen messen zu können sowie Reagenzgläser für Wasser- und Bodenproben. Er war groß und dünn, anglophil nach Aussehen und Gewohnheiten, Fünf-Uhr-Tee, trockener Humor, kühle Haltung, bleich im Gesicht, kurzgeschnittene Haare, rotblonder Schnurrbart, immer distanziert lächelnd.

Alle jungen Frauen in der Gegend hofften aus ganzen Herzen, er würde seine Lage bessern können und dann die Beste unter ihnen heiraten. Die älteren Boiarinnen hörten aus Höflichkeit seinen Ausführungen über die unbedingten Lösungen in der Agrarfrage zu. Die Boiaren aus der Nachbarschaft, die donnerstags zu Besuch kamen, wussten selbst nicht, was sie glauben sollten. Größtenteils waren sie auch ruiniert, genauso wie Dinu. Sie schwankten zwischen der Achtung für den alten Namen des Raduliade und dem Grauen, letzte Geldreserven in sozialistische Ideen eingesetzt zu sehen.

„Aber, meine Herren, von wegen Sozialismus? Der Engländer weiß ganz genau, was er tut, er ist praktisch, erfolgreich, mathematisch genau. Denkt ihr, ich will den Bauern zu Meinesgleichen machen? Seien wir doch vernünftig! Dennoch, das Elend… es ist so abscheulich, ich spaziere durch die Straßen des Dorfes, und es wird mir schlecht. Letzten Endes ist es ja mein Eigentum. Diesen Frühling starben so viele Kinder! Das kann nicht sein! Hier gibt es fruchtbare Ackerböden! Ich habe Proben geschickt, und der Lageplan ist aufschlussreich, mit wenigen Pumpen kann man alles bewässern. Einige meiner Freunde meinen, dieses wäre ja nur Ausbeutung, ich helfe den Bauern nur, um das Maximum aus ihnen herauspressen zu können. Nun ja, ich betrachte eigentlich den Boden, alles was dieser Boden hergibt, das müssen wir uns holen!"

Über die früheren Feste und Orgien seines Vaters pflegte der Boiar Raduliade zu sagen:

„Ihr wisst alle, dass ich in Paris studiert habe, und dort manches erlebt. Einem jungen Mann wird dort so manches angeboten. Halten Sie mich bitte nicht für prüde, moralisch verklemmt oder einer religiösen Askese verfallen. Ich verehre das Kabarett genau wie Sie, der Champagner soll fließen, Karten spielen bis zum Morgen, aber bitte! erst sollten wir die Felder bestellen und die Katastrophe beseitigen.

Die Agrarwirtschaft ist eine herrliche Wissenschaft, meine Herren, verlasst euch auf die tägliche Feldarbeit und nicht auf abenteuerliche Spekulationen.

Niemand kann über Nacht verbessern, was unsere Eltern ein Leben lang verschwendet haben. So eine Schande, wie unsere Dörfer aussehen, Krankheit, Armut, Elend. Wir müssen säen und ernten. Unsere Äcker, der schwarze und fruchtbare Boden, der Fortschritt, das soll uns Hoffnung geben. Gerade heute habe ich einen neuen Mähdrescher gekauft."

Besonders seltsam, wie er seine Prophezeiungen gesehen hat, welches man bei Einsetzung eines jeden neuen Herren des Gutes pflegte. Man hat eine Zigeunerin bezahlt. Die Wahrsagung erwies sich als schlecht, es ging um Tod, der junge Boiar werde früh sterben. Dionisie, der Verwalter des Gutes, und Charles, der englische Diener, haben die Zigeunerin weggeschickt, sie wollten alles verschweigen. Vergebens, der Boiar kannte sein Schicksal schon seit der Studienzeit in Paris, wo die Kunst des Wahrsagens den einheimischen Zigeunern auch ein gutes Stück Brot gab. Bei der öffentlichen Einweihung wollte Boiar Dinu unbedingt die zwei Varianten vergleichen. Die Ähnlichkeiten überraschten die Gäste. In beiden Fällen sprach man von neuen, großartigen Ideen, welche jedoch den Boiar verderben werden. Er werde seines Ehrgeizes wegen bald sterben. Der springende Punkt aber, seine Zukunftspläne, würden sich verwirklichen.

„Nun gut", hat der junge Boiar theatralisch vorgetragen, „nun bin ich mitten in einem Dilemma. Soll ich rational sein und den Aberglauben verachten, oder soll ich ihn akzeptieren in der glücklichen Annahme, dass auf meinem Landgut eine Schule gebaut wird, ein Krankenhaus, moderne landwirtschaftliche Einrichtungen und ein Waisenhaus, obwohl ich tot sein werde? Ich neige zum Fortschritt, lass meine Zukunftspläne verwirklicht sein, auch wenn ich sie nur aus dem Grab bewundern werde."

Unruhe im Salon.

„Doch dramatisieren wir nicht, es handelt sich um gar keine Wahl, die Zukunft können wir nicht nach unseren Wünschen einrichten, sagen die Weisen."

„Was für ein herrlicher Mensch", kommentierten die Töchter der Boiaren aus der Nachbarschaft. Danach glitt das Gespräch zur Politik. In der Provinz ist es ja Mode, über politische Ereignisse zu sprechen. Die Abendgäste wollten die Meinung des jungen

Boiaren wissen. Doch diesem waren seine landwirtschaftlichen Aktivitäten wichtiger.

„Politik?" meinte er, „Alles leere Reden, das ist etwas für gut ernährte Menschen, so wie das Pokerspiel und die Mädchen vom Kabarett. Doch hier bei uns, hier im Dorf, da liegt alles brach. Wie gesagt, erst will ich das Gut auf die Beine bringen…"

Die Musik wird leiser, sie scheint einzuschlafen, das Gut von Cărămidari ist irgendwo zurückgeblieben zusammen mit seinem mondänen Salon, in dem der junge Boiar nur donnerstags Gäste empfängt und an den anderen Tagen Zukunftspläne schmiedet. Wir sind auf einer Sanddüne von länglicher Form, welche sich nur wenig über die Oberfläche des ruhigen und lauwarmen Wassers erhebt. Ein leichter Wind weht, und das Schilf raschelt. Dicles, der dekadente Maler, sitzt im Schneidersitz und mischt seine Farben. Die Leute sagen, eigentlich siehst du ihn nie pinseln, den ganzen Tag mischt er Farben, er meint ein Kolorist zu sein. Um einen bestimmten Farbton zu erhalten, sagt er, müsse man tagelang probieren. Er ist angezogen wie gewöhnlich, Wollpullover mit Rollkragen von einem unbestimmten Graugrün, Hosen aus einer Art Überzugsmaterial, die Latschen hat er ausgezogen und neben sich gestellt. Er ist von Kopf bis Fuß mit Farbe verschmiert. Wie ein Boiar sieht er bei Weitem nicht aus, man sieht aber auch, dass er kein Bauer ist. Genau wie sein Onkel Dinu, der Gutsherr von Cărămidari, ist er groß und mager. Wenn er den Pullover auszieht, sieht er fast ausgehungert aus. Dünn, ein Gesicht wie eine Vogelscheuche, die Wangen eingezogen und der Unterkiefer hervorstehend. Man nennt ihn auch Pferdekopf. Sein langes, gerades Haar bewegt sich bei jeder Kopfbewegung. Er hat keinen Bartwuchs, nur wenige Bartstoppeln bedecken sein Gesicht. Seine großen, grünen, ausdrucksvollen Augen stehen nah beieinander. Es ist irritierend, wenn er einem in die Augen schaut. Wenn er spricht, gestikuliert er ununterbrochen mit seinen Händen und bewegt die langen, dünnen Finger, die in breiten, kaffeebraunen Nägeln enden.

Dicles steht auf, streckt sich, gähnt, schaut umher. Er fühlt sich wohl, das Wetter ist warm und angenehm. Es ist bereits Nachmittag, die Zeit, in der die Hitze schon etwas abgenommen hat. Er nähert sich dem Wasser, bückt sich, lauscht, tritt zwei, drei Schritte ins Wasser, bis es ihm zu den Hüften reicht.

„Komm, komm! Heraus mit dir!", ruft er. Sein Gesicht entspannt sich in einem Lächeln. „Lass die Dummheiten und komm heraus!"

Unter dem Wasserspiegel, im warmen Moor, auf dem Rücken liegend, bläst Margareta ihm Luftblasen entgegen, zwinkert mit den Augen und zieht das luftige Leinenhemd über die Knie. Das feine Material rutscht an den Waden entlang, bewegt von der Wasserströmung, und deckt nach und nach Hüften, Bauch und Nabel auf.

„Was für ein sonderbares Wesen", meint Dicles, „sie weigert sich, mir nackt Modell zu stehen, doch mit ihrem Rock spielt sie wie eine…"

Margareta schlägt mit den Händen in den Schlamm, und ein dichter Nebel trübt das Wasser, bis nichts mehr zu sehen ist. Immer wenn Dicles kam, um an ihrem Bild zu arbeiten, hatte sie großen Spaß ihn zu ärgern.

„Ich habe gehört", hatte die Nymphe ganz am Anfang zu ihm gesagt, „du verspottest die Leute. Anstatt das Portrait zu malen, verschmierst du die Farben ganz verrückt. Bitte, du sollst mich in Ruhe lassen, also, geh weg!"

Doch die Neugierde war stärker. Sie erkannte Dicles am Terpentingeruch, ein ganz ungewöhnlicher Geruch für sie, und die Müdigkeit verging ihr sofort. Sie pflegte nachmittags zu schlafen, versteckt unter den Schilfinseln, wo das Wasser wärmer ist. Doch wenn sie Dicles witterte, begann sie sich zu zieren und zu tummeln wie ein kleines, verspieltes Kind.

Der Boiar Dinu Raduliade hörte immer die Wettervorhersage bei Radio London. Sooft gutes Wetter ansagt wurde, nahm Dicles seine Farbschachteln und die Kartons, und ging zu den Teichen. Es war kein einfacher Ausflug. Bis an den Rand des Deltas fand sich immer ein Pferdewagen zum Mitfahren, danach war aber Schluss. Kein Bauer traute sich weiter und so musste er zu Fuß weiter. Er trug eine Zeltplane mit sich, um sich nachts damit zuzudecken. Und er nahm etwas Essen mit, weil er zwei bis drei Tage oder sogar länger dort blieb.

„Mein liebes Fräulein", so sprach er Margareta an, „erst muss ich dich eine Zeit lang ansehen, dich kennen, dich verstehen, deine Gestalt wahrnehmen, deinen Gang, dein Wesen. Erst dann kann ich arbeiten. Verstehst du?"

Margareta zuckte mit den Achseln. Sie blieb die meiste Zeit in seiner Nähe, am liebsten unter Wasser. Manchmal durchsuchte sie sein Skizzenheft, um zu sehen, ob er etwas gezeichnet hatte. Andere Male setzte sie sich nieder und goss sich stundenlang

Sand auf den Kopf oder flocht Krönchen aus Wasserpflanzen und Seerosen. Mit einer unbesiegbaren Hartnäckigkeit weigerte sie sich, ihr Hemd auszuziehen, obwohl von Scham keine Rede sein konnte. Ohne Scheu hob sie das Hemd bis über die Schenkel und streichelte ihre üppigen Waden. Aber so oft Dicles sie bat, sich ganz auszuziehen, blieb sie stur wie ein Ziegenbock.

„Liebes Fräulein, ich betrachte dich nicht wie ein Mann, sondern wie ein Künstler."

„Eben…"

Manchmal, bei Vollmond, sprachen sie miteinander bis Mitternacht.

„Was ist mit diesem Bellen", hatte Dicles eines Nachts gefragt. „Ich kann gar nicht schlafen. Habt ihr Hunde hier am Teich?"

„Es ist ein Rudel."

Wer das Märchen kennt, müsste diese Episode erinnern. Die Hunde gehören eigentlich nicht zum Teich, sondern sind aus der Umgebung versammelt, weggerannt von ihren Herren, verliebt bis zum Wahnsinn in die ständig läufige Diana. Diana ist eine kleine, hässliche Hündin, mit krankhaft wässrigen Augen und das Fell ist dünn und struppig. Zu dem Rudel, das sie verfolgt, gehören allerlei Hunde: reinrassige Hunde, Mischlinge, Setter, Cocker, frisierte Pudel, kräftige Schäferhunde und Straßenköter. Alle möglichen Mischungen, manchmal auch winzige Pekinesen ohne jede Chance. Die ganze Meute rennt, bellt, wittert. Wenn Diana erscheint, greifen sich die Hunde in einer wahnsinnigen Wut gegenseitig an. Eine wilde Verfolgungsjagd beginnt, begleitet von Gewimmel und Gebell.

Doch diese ganze Armee von Vierbeinern ist hilflos gegenüber Rex, dem Hüter der Teiche und Dianas Verehrer. Denn Rex liebt Diana und schützt sie. Rex ist ein herrlicher Schäferhund, riesig, schwarz, mit einem furchterregenden Blick, groß wie ein Kalb und mit fürchterlichen Reißzähnen. Er ist an einer Kette festgebunden. Einmal am Tag bekommt er zu fressen, Fisch und Maisbrei. Für ihn schleichen sich die Nymphen bis zum Rande der Dörfer, um Mais zu stehlen. Obwohl ihm das Fressen bei Weitem nicht reicht, lässt Rex alles stehen, bis seine Diana sich sattgefressen hat, die schäbige Hündin, die er liebt.

Morgens, wenn Diana müde von der Rennerei und vom Rudel umzingelt ist, flüchtet sie sich in Rex Nähe. Den Verfolgern bleibt nur das Bellen und Heulen übrig. Dann frisst die Hündin sich satt und legt sich schlafen. Erst dann frisst Rex die Futterreste. Was soll dies bedeuten? Dieses Geheule wiederholt sich Nacht für Nacht. Obwohl Rex die Verkörperung der Männlichkeit ist, wirft Diana nie, bleibt ständig läufig und lockt die ganze Hundebevölkerung im weiten Umkreis an.

Soll das ein Zeichen sein? Der Hund steht dem Menschen so nahe und ist so empfänglich für seine seelische Stimmung. Hat sich die erotische Erregung, die die Gestalten des Paradieses zu Albtraumerscheinungen macht, auf die Hunde übertragen? Doch bleiben wir bei der Musik, sie erzählt weiter. Schauen wir jetzt Dicles zu, er ist zurückgekehrt auf das Landgut seines Onkels, des jungen Boiaren Dinu, dem Fortschrittlichen. Es ist Donnerstag, Empfangstag, Gäste sind anwesend. Dicles zeigt einen Karton, darauf sind nur einfache Farbnuancen zu sehen, sonst nichts.

„Ein Gemälde enthält in sich ein ganzes Universum", sagt er, „wir schauen in das Wesen einer Welt. Margareta zu malen ist nicht leicht. Ob es mir überhaupt gelingen wird? Das ist die Frage. Ich muss jede Einzelheit der Teiche studieren, die Weiden, das Schilf, die Wasserpflanzen, die Vögel. Und Margareta, nun ja, jedes Mal, wenn ich sie ansehe, muss ich feststellen, dass ich nichts von ihr verstanden habe. Ich war öfters nah dran aufzugeben, doch bin ich überzeugt, dass Kunst keine Grenzen kennt."

„Ist es wahr", wagt die Tochter des Boiaren Ghimpescu-Ploiești zu fragen, „dass sie die Männer tötet? Dass sie sie ertränkt? Dass niemand durch die Teiche zu gehen wagt?"

„Das stimmt nicht", verneint Dicles und schüttelt mit dem Kopf „Ertränken tun sie nur die Dummköpfe, die den Verstand verlieren, wenn sie die Nymphe sehen. Ich habe schon einige Männer ungestört durch den Sumpf wandern sehen."

„Dicles sieht die Sachen auf seine eigene Art", lächelt der Boiar Dinu.

„Erzähl uns", verlangt das Boiarenmädchen. Aber Dicles weigert sich, denn einer der ungestörten Wanderer ist Gast im Salon des Boiaren Raduliade. Der Professor Loew aus Wien, ein weltbekannter Name für neue Theorien, die die Sexualwissenschaft revolutionieren sollen. Ein älterer Herr, der die Feuchtigkeit schwer erträgt, er leidet an Rheumatismus. Dennoch opfert er sich seiner Leidenschaft zur Wissenschaft und Forschung. Er hat sich ein Zelt am Teichufer aufgeschlagen und ernährt sich von Fisch. Leider muss er sich mit den phantastischen Erzählungen begnügen, da er Nymphen oder andere Gestalten des Märchens bisher nie mit eigenen Augen gesehen hat. Und er wird sie auch nie sehen, obwohl er den ganzen Tag im Boot verbringt und die Kanäle hinauf und hinunter rudert. Wie gerne würde er erst dem Wiener Senat einen verblüffenden Forschungsbericht zuschicken! Dafür wäre er auch bereit, sich ertränken zu lassen. Doch er hat kein Glück.

Genauso wie Trifan, der Infanteriesoldat, eine gequälte Seele, der den Tod nicht fürchtet, weil sein Dasein beim Militär kein Leben ist. Sobald es ihm gelingt über den Zaun der Garnison zu klettern, rennt er wie ein Verrückter auf den Teich zu. Er will sehen… Was? Er sieht nur Teiche, Kanäle, Moor und Schilf. Nichts Eigenartiges. Aber er kennt die Erzählungen, er hat von Margareta gehört. Sobald er die Nähe der Teiche erreicht hat, beginnt sein Blut zu kochen. Doch das wird auch alles sein, der Unglückliche wird beben und hoffen, er wird erregt Hin und Her laufen, aber nichts Anderes zu Gesicht bekommen als Schilf und Teich.

Und es gibt noch Valencio, den Minnesänger, der traurige Verliebte, für den der Tod eine Erleichterung wäre. Sein Herz ist tief verletzt, er komponiert Lieder und spielt die Harfe. Für ihn, wie auch für die anderen, wäre der Tod in den Armen einer Nymphe eine Erlösung.

Doch die vorher festgelegten Regeln des Märchens geben ihnen keine Chance. Sie werden bezaubernde Landschaften mit Pelikanen sehen, Tage mit schönen Sonnenaufgängen und blutroten Untergängen erleben, werden Wahrheiten oder Erfundenem zuhören. Der Rest wird lebhafte Phantasie bleiben.

Aber Dicles, der dekadente Maler, kann den Fragen nicht ausweichen. Die Gäste bestehen auf Einzelheiten. Auch sein Onkel, Boiar Dinu, fragt ihn:

„Was ist eigentlich wahr von dieser Margareta? Ist es genauso, wie man sagt?"

Dicles wird erst im Rauchsalon antworten, wenn die Damen sich zum Kartenspiel zurückgezogen haben.

„Eigentlich", sagt er, „muss hier ein großer Irrtum sein. Margareta nähert sich nur einem Mann, den sie mag, der ihr gefällt. Und, unglaublich, sie ist ein äußerst scheues Wesen. Sie springt sofort ins Wasser, wenn man versucht sie anzufassen. Sie ist ein süßes und herzliches Mädchen, und ich meine, sie möchte lieben. Ich fühle in ihr einen fast schmerzhaften Wunsch nach Zärtlichkeit und Verständigung. Es gefällt ihr, sich selbst zu streicheln, vermutlich weil sie niemanden hat, der sie streichelt. Doch wehe man streckt die Hand nach ihr, sie ist sofort weggesprungen. Sie ist kokett, sie trägt immer eine Schere mit sich, und ist damit beschäftigt, ihre Haare zurecht zu schneiden. Sie steht dann übers Wasser gebeugt, spiegelt sich darin und frisiert sich."

„Du, Dicles", spaßt der Boiar Ghimpescu-Ploiești, „schau mal, wenn du sie malst, dann male sie doch so wie auf einem Foto. Wir wollen sehen, wie sie aussieht."

Doch wir verlassen jetzt die erzählende Musik. Das Orchester spielt mit allen Blasinstrumenten. Alles bebt und dröhnt. Wir kommen nun zum eigentlichen Thema. Bis jetzt war es nur ein Vorgeschmack. Die Trommeln verkünden: buuuuum! bummmmm!

Die Ereignisse überstürzen sich. Es ist etwas geschehen. Die eigentliche Handlung beginnt.

Der Hof des Boiarenhauses. Ein unbeschreiblicher Lärm. Hysterisches Weinen. Was ist geschehen? Das Dorf kocht, die Bauern tragen Gewehre. Die Kinder verstecken sich zwischen den Beinen der Erwachsenen und heulen vor Angst. Das Unheil ist über das Dorf gekommen. Die Kirchenglocken läuten, ein Heuhaufen brennt lichterloh, und die Panik wird noch größer. Vom Dorfrand hört man scharfen Galopp, Boiar Dinu erreicht den Hof auf seinem Vollblüter. Das Pferd schäumt, zum ersten Mal hat der Boiar die Peitsche benutzt. Es ist ihm bewusst, es ist etwas Ernstes passiert. Die Glocken läuten ununterbrochen, von Zeit zu Zeit hört man Gewehrschüsse.

Dionisie, der Verwalter, greift das schäumende Pferd bei den Zügeln und der Boiar springt aus dem Sattel. Der Hof ist voller Menschen, eine alte Frau wirft sich ihm zu Füßen, umarmt seine Stiefel und schüttelt ihn, dass er fast umfällt.

Auf die Akkorde der Trauermusik beschreibt das Orchester den Gräuel. Ein kaltes Zimmer, in dem man gewöhnlich Äpfel und Nüsse aufbewahrt. Ein Holztisch. Das Tuch über der Leiche ist zu kurz, die Fußsohlen bleiben sichtbar, und ein Arm hängt über die Tischkante. Rings um die Tote stehen der Bürgermeister, der Dorfpolizist und der Pfarrer. Niemand weiß, was zu tun ist. Nebenan auf einem Stuhl beendet der Arzt gerade seine Notizen. Zufälligerweise war heute ärztlicher Besuchstag.

„Das Mädchen ist hier aus dem Dorf", sagt der Arzt. „Sie wurde nicht vergewaltigt, und auf dem Körper sind keine blauen

Flecken oder Wunden. Und doch ist es ein Sexualmord. Das Mädchen wurde splitternackt gefunden, und ihre Kleider lagen daneben, zerfetzt und zerstückelt, so klein es nur ging. Was soll das bedeuten? Der Tod wurde durch Genickbruch verursacht. Der Angreifer ist besonders stark, er hat dem Mädchen den Kopf fast zerrissen. Eigentlich nicht zerrissen, sondern zerbissen. Man sieht klar die Zahnspuren. Ich frage mich bloß, was für ein Kiefer kann den ganzen Hals umfassen? Was hat solche Reißzähne? Es ist nicht sehr klar… Habt ihr hier in der Umgebung noch mit Bestien zu tun? Mir ist nichts bekannt.“

Was tun? Schnell einen kleinen Suchtrupp bilden? Alle Männer sollen sich mit Gabeln und Sensen bewaffnen und die Felder und den Wald durchsuchen? An allen Wegkreuzungen Wachposten setzen? Die städtische Polizei alarmieren? Nein. Nichts dergleichen. Nur der Dorfpolizist verfasst einen Bericht für seinen Vorgesetzten, das ist seine Pflicht.

In der Nacht hat niemand geschlafen. Die Frauen und Mädchen haben sich in den Häusern eingeschlossen und bei flackerndem Kerzenlicht bis zum Morgen gebetet. Die Männer verteilten sich auf der Dorfstraße oder im Haushof. Sie haben große Feuer geschürt, etwas mit den Gewehren geschossen, dann - mit der Zeit - haben sie sich beruhigt. Sie haben ihr Pfeifen angezündet und auf den Morgen gewartet, um zu sehen, was der Boiar entscheidet.

Für Dinu Raduliade war die Nacht auch nicht leicht. Es schien ihm, als sehe er alle seine Zukunftspläne auf einmal gescheitert. Und gerade jetzt, an so einem entscheidenden Zeitpunkt! Er brauchte jede Hand, jede Minute. Er hatte über hundert Tagelöhner für die Ernte angestellt. Wie viele werden noch zur Arbeit kommen? Und von diesen Leuten, wie viele werden von nun an ihre Frauen aufs Feld lassen? Er hatte neue Anleihen, neue Schulden machen müssen. Womit sollte er denn den Vermessungsingenieur bezahlen? Womit den Zement für den neuen Staudamm? Womit den Traktor und Düngemittel? Womit gute Samen?

Er war von dieser Ernte abhängig wie von Gott. Sein kleines, landwirtschaftliches Unternehmen hatte schon neuen Anlauf genommen. Die Fundamente für die neue Schule und das Krankenhaus waren bereits gegossen. Das Leben im Dorf kam wieder in Ordnung, die Waisen waren vorläufig in einem provisorischen Heim untergebracht, das er in seinem eigenen Gutshaus eingerichtet hatte. Und jetzt, plötzlich, drohte alles zerstört zu werden. Es reichte, dass ein Beamter von der Bank in Panik geriet, oder dass ein anderer hörte, die Sachen liefen schlecht. Woher noch Kredit bekommen? Das wäre das Ende.

Der Boiar stand bis morgens neben der Toten in dem kalten Zimmer im Untergeschoss. Er rauchte einige seiner englischen Zigaretten, dann begann er sich hin und her zu bewegen, wie ein eingesperrter Tiger. Gegen Morgen hob er das Leinen von der Toten und betrachtete aufmerksam die Wunden.

„Siehst du", sprach er endlich zu Dionisie, dem Verwalter, „es war bloß ein einziger Biss."

„Boiar Dinu, lass uns etwas versuchen. Geben Sie mir ihren Karabiner. Vielleicht fällt er mir ins Schussfeld… Was immer er auch sei, Gespenst oder Teufel…"

„Du kannst ihn nicht sehen, Dionisie", sagte der Boiar, „ihn sehen nur die verirrten Jungfrauen an einsamen Orten, und keine konnte davon erzählen. Er nennt sich Ulrich, vielleicht weil er aus den Niederlanden kommt, wie einige sagen. Lange Zeit hat er in Deutschland und Frankreich gewütet. Sogar in den Pyrenäen hat er seine Spuren hinterlassen. Nirgends bleibt er lange, höchstens einen Sommer, vielleicht zwei. Auch hier wird er nicht lange bleiben, aber wenn er weg ist, wird dieses Gut in den Händen irgendeiner Gesellschaft sein. Was für eine Misere… ausgerechnet auf meinem Gut."

„Das kann nicht sein, Boiar Dinu. Wir können nicht aufgeben. Wir haben auch unsere Zigeunerinnen, Frauen, die sich mit Hexerei auskennen, wenn die Kugel nicht hilft. Wir sollten Weihrauch verbrennen, oder lassen wir den Herrn Dicles ein Bild malen, um ihn zu erschrecken. Wir werden doch nicht einfach zuschauen, wie wir zugrunde gehen."

„Es wäre ein Ausweg", unterbrach ihn der Boiar, „die ganze Nacht habe ich nur daran gedacht. Doch es ist etwas Schreckliches, wie ein Spiel mit dem Feuer, wenn nicht noch schlimmer."

Dann, als es hell wurde, und die Entscheidung nicht weiter hinausgeschoben werden konnte, verließ der Boiar entschlossen das Haus und ging unter die Leute. Die Bauern, die schon schlummerten, wurden auf einmal wach und sammelten sich ringsum.

„Ihr wisst alle, was hier passiert ist…?"

„Ja, ja", nickten die Ältesten, „es ist ein Wolfsmensch mit eisernen Zähnen."

„Doch wir müssen trotzdem aufs Feld gehen. Wir gründen eine Art Polizei, damit keine einzige Frau alleine bleibt. Das Essen werden Männer zum Feld tragen. Und..."

„Aber mit ihm", hörte man Stimmen unter den Bauern, „mit dem Wolfsmensch, wie wird es werden?"

„Nun ja, wir werden Leute bestellen, um eine Nymphe aus den Teichen in der Ebene zu fangen. Wenn möglich sogar Margareta. Wir werden sie hier in unseren Teich versetzen, damit sie ihn ertränkt."

„Onkel", zog Dicles den Boiaren am Ärmel, „das ist doch Unfug. Margareta kann niemand fangen. Es ist unmöglich, ich sage es dir..."

„Mein Lieber", sagte der Boiar, „alles ist möglich. Wenn man Geld einsetzt, erhält man fast alles. Dies habe ich gelernt, soviel wie ich durch die Welt herumgekommen bin. Ich werde einen Preis auf Margaretas Kopf aussetzen, hundert Goldstücke, ein kleines Vermögen. Sei sicher, es werden sich Interessenten finden."

Dicles schüttelte den Kopf und zog sich zurück.

Und siehe, die Musik hat sich beruhigt. Wir müssen uns ausruhen, zu sehr haben sich die Ereignisse überhäuft.

Der Konflikt ist jetzt schon klar, Boiar Dinu wusste, was er mit der Faszination der Münzen meinte. Das Leuchten der Goldstücke verwirrt die Gemüter, die Abenteuerlustigen werden bald erscheinen, auch der dicke, dumme Dorfpolizist hat keinen Schlaf mehr. Er, der keine hundert Meter weit laufen kann, sieht sich schon mit der gefangenen Margareta. Der Gedanke lässt ihn zittern und schwitzen, er schläft unruhig und morgens hat er Ärger mit seiner Frau, weil er nicht rechtzeitig wach wird.

Das Orchester wiegt sich still. Wir haben den Boiaren Dinu zurückgelassen, er soll sich für diese so bedeutende Ernte rüsten, und kehren zum Teich zurück.

Es ist früh morgens, die Sonne ist eben aufgegangen. Ein feiner Nebel hat seinen Schleier über die eigenartige Landschaft geworfen. Die Natur erwacht langsam. Die Fische springen an der Wasseroberfläche, die Vögel zwitschern, ein schwacher Wind bewegt das Schilf. Es ist noch kühl, und die Nymphen bleiben noch unter ihren Schwimminseln versteckt, dort, wo das Moor so schön warm ist.

Nur Margareta ist bereits auf einer Sandinsel, sie ist immer sehr früh wach. Sie liegt auf dem Bauch, auf die Ellenbogen gestützt und singt etwas. Unverschämt wie sie ist, hat sie ihr langes Hemd hoch über die Hüften gezogen, damit die frühe Sonne ihre langen Beine und das Gesäß braun brennt. Als plötzlich Polixenia auftaucht, brummt sie unzufrieden, und mit einem langen, fast akrobatischen Sprung verschwindet sie im Wasser, und lässt die erschrocken schnatternden Wildgänse zurück. Es stimmt, man sagt, dass die Nymphen sich aus dem Weg gehen, und für nichts in der Welt könntest du sie untereinander plaudern sehen.

Dion zu sehen ist genauso schwierig, selten erscheint er. Meistens bleibt er im Schilf oder hinter den Weiden versteckt. Vielleicht wirst du es nicht glauben, aber Dion schämt sich. Er empfindet eine fürchterliche Scham wegen seines Zustandes. Eigentlich ist er nur an den Teich gekommen, um sich vor den Menschen zu verstecken. Ständig sucht er einen verborgenen Platz, wo auch kein Käfer sehen kann, wie er sündigt. Man sagt, er habe nie eine Frau angerührt. Nicht weil er keine gefunden hätte, es liegt an seiner ausschließlichen Leidenschaft für die Liebe zu sich selbst. So begeistert war er in dieser Art Erotik, dass er sich an heidnische Götter wandte. Mit Trommelschlägen und Kräuterrauch klagte er über seine Empfindungen, sie seien zu beschränkt, zu gering. Er wollte mehr, er verlangte mehr. Der Zauber hat gewirkt, sein Beten wurde erhört. Die okkulten Kräfte halfen ihm, so gut sie es konnten. Als er aus der Trance erwachte, hatte Dion einen Arm weniger und stattdessen zwei Penisse. Schwer zu sagen ob diese Umwandlung zu seinem Vorteil war. Mit den beiden Organen an demselben Nerv und mit einem einzigen Arm war es unmöglich, so schnell er auch agierte, zum Orgasmus zu gelangen. Man könnte sagen, dass eben dies sein Gewinn sei. Er steht ständig in der Nähe der Erlösung, schwer arbeitend an beiden Hebeln, doch ohne Chance, den Höhepunkt zu erreichen (nachdem unausweichlich Widerwille, Apathie, Lustlosigkeit und Selbstverachtung kommen), während er so, immer im Auf- und Abstieg, vor und zurück gleitend auf dem Abhang der Spannung, nur die Leidenschaft kennt und die Besessenheit für sich selbst. Nun ja, Theorien, alles Theorien. So sagt man auch, dass die Nymphen eigentlich den Mann lieben, ihn verehren, und dass sie ihn nur deshalb ertränken, nur weil sie nicht wissen, was sie tun.

Doch siehe, Professor Loew ist aufgewacht. Die Not lehrt den Menschen. So hat auch Professor Loew gelernt, wie man vom Fischen überleben kann. Akademiker oder Bauer, essen muss jeder. Seine Mehl- und Bohnenvorräte werden immer weniger. Und für nichts in der Welt will er aufgeben, er muss unbedingt das Rätsel lösen. Es muss einen wahren Kern in den vielen Erzählungen über diese Teiche geben. Zu viel Angst bei den Bauern, kein einziger wagt es, diese Gegend zu betreten. Wüsste der arme Professor, dass sich nur ein paar Schritte von ihm entfernt eine Doppelbrust versteckt hat, groß wie eine Scheune… Aber er kann sie nicht sehen, nicht hören. Er sucht die Doppelbrust, die Dreifachbrust, die Nymphen, aber er kann sie nicht wahrnehmen.

Die Doppelbrust wie auch die Dreifachbrust leiden sehr unter der Hitze. So groß wie sie sind, ist es ihnen schwer, sich vor der Sonne zu verstecken. Sie haben eine weiße, empfindliche Haut. Wie sie aussehen? Das ist einfach. Der Name sagt es, die Doppelbrust ist aus zwei Brüsten gebildet, eine neben der anderen an der Basis festgemacht, und die Dreifachbrust aus drei. Schöne Brüste, voll mit Milch, wie bei einer Mutter mit Säugling. Eigentlich ist dies ihre Bestimmung und ihr heißester Wunsch, Säuglinge zu stillen, zu ernähren. Sie haben aber keine Säuglinge und verschwenden ihr Dasein umsonst. Doch ist es besser so, so groß und schwer wie sie sind, würden sie alles in ihrem Wege erdrücken. Sie sehen aus wie Mütter, denen man die Kinder weggenommen hat. Daher auch ihr trauriges, klagendes Aussehen und die verzweifelte Miene. Sieht man sie von Nahem, erschrickt man, so viel weiße Haut. Von weitem aber sehen sie schön aus, wie die Brüste einer reifen Frau.

Am Ende der Teiche liegt eine grüne Waldwiese mit vielen Weiden und Büschen. Mitten darin steht ein militärisches Zelt. Die Gestalt, die dort Morgengymnastik macht, ist Basarabescu, Infanterieoberst, die Verkörperung des Satans für Hunderte von Soldaten unter seinem Befehl. Der Oberst hält mit Strenge das von ihm selbst verordnete Programm ein: fünf Uhr morgens Aufwachen, Gymnastik, Waschen und Zähneputzen, Frühstück. Eine einzige Ausnahme, am Sattel hat er eine kleine Flasche Kognak.

„Herr Oberst", hatte ihn am Tag zuvor der Boiar Dinu Raduliade gefragt, „haben sie sich einen Plan gemacht, haben sie an etwas Bestimmtes gedacht?"

„Gott bewahre, Herr Dinu", hatte der Oberst gelacht, „wir machen uns lächerlich, es handelt sich um ein Weib. Wozu denn einen Plan? Ich gehe hin und packe sie! Ha, ha, ha! Doch wehe sie ist hässlich, dann erhöhe ich den Preis! Wie ich sie fangen werde? Wie denn? Mit den bloßen Händen. Ich werde sie doch nicht erschießen. Du willst sie lebendig haben. Also packe ich sie bei den Haaren und bringe sie dir."

„Ihre Haare sind kurz geschnitten", warnte ihn Dicles, doch der Oberst schien sich keine Sorgen zu machen.

„Ich, meine Herren", hatte der Oberst erklärt, „habe Krieg mit den Türken, mit den Deutschen und mit den Serben geführt. Wichtig ist es, dass man den Feind hart angeht und ihm keine Zeit zum Atmen lässt. Wenn man mit Plänen anfängt, wenn man zögert, das kommt an wie Schwäche, der Feind wittert es und ist im Vorteil."

Der Oberst ist mittelgroß, kräftig gebaut, mit breiten Schultern, einem großen Kopf und einer noch größeren Nase. Er hat rötliche Haut. Beim Sprechen steht er gerade, die Hände auf dem Rücken verschränkt und die Beine weit gespreizt. Seine Stimme ist rau und schneidig, ständig mit einem knurrenden Unterton. Insgesamt wirkt er nervös, zuckt mit den Schultern oder dreht den Kopf jede Minute. Dann blinzelt er mit den Augen und bewegt den Unterkiefer eigenartig. Die Soldaten meinen, es seien sichere Symptome der Paranoia, damit wäre sein unmögliches Wesen zu erklären. In den Abendgesellschaften ist er jedoch ein angenehmer Mensch und immer höflich. Solange man mit ihm nichts Konträres debattiert, kann er als anständiger Mensch gelten. Doch wehe, jemand lässt eine Bemerkung über Offiziere als Totalidioten, eingebildet und dümmlich fallen. Der bekommt es mit dem Oberst zu tun. Zu ihm würden solche Bemerkungen gar nicht passen, der Oberst Basarabescu ist ein besonders gewissenhafter Mensch, gewissenhaft bis ins Extrem. Keinen Millimeter entfernt er sich von den Vorschriften. Nie wird er einen Knopf offen haben an der Uniform, wie heiß es auch sein möge. Und dasselbe verlangt er von den Soldaten.

Um zehn Uhr hält der Oberst das Boot an und steigt auf einem Sandhügel ab. Er isst Brot und Käse, dann hat er zwanzig Minuten Pause, so wie beim Exerzieren. Es ist höllisch heiß. Er ist verschwitzt, seine frisch gewaschene und gebügelte Hose ist mit Teer befleckt, doch er kümmert sich nicht darum. Er ist eine Maschine, die Befehle durchführt, ein perfekter Soldat.

Es isst langsam, ohne Hast, und trinkt auch einen Schluck Kognak. Plötzlich hält er inne. Hinter sich hat er ein Rascheln vernommen, ein Kichern, ein Lachen. Margareta, sie muss es sein, denkt er.

Und die Musik geht gleich mit im Tempo, die Geigen betonen jede Note, wir treten ein in den Kern der Handlung.

Der Oberst isst weiter und hat sich nicht von der Stelle bewegt. Dann streckt er seine Beine aus und greift zur Kognakflasche. Sein Hirn arbeitet fieberhaft, die Nerven sind gespannt wie vor dem Kampf. Ich fühle sie, denkt er, sie ist hier, gerade hinter mir, sie könnte sich noch mehr bewegen, um mich zu reizen. Doch ist sie schlau, könnte sie stundenlang bewegungslos auf mich schauen. Der Oberst packt seinen Ranzen, erhebt sich langsam, rückt seine Uniform zurecht, und dann dreht er sich ohne Eile um. „Na, da schau mal an, dies ist Margareta!"

Vor ihm zwei, drei Meter schlammiger Boden, grünes Schilf, gelbes Schilf aus den vorigen Jahren, eine Weide, abgefallene trockene Äste, Seerosen. Weiter ein Teichufer, schwer zu sagen, wie tief das Wasser ist, der Teich ist trügerisch. Nahe am Ufer sitzt Margareta auf einem schwimmenden Stamm im Schneidersitz und starrt ihn an. Ihr Gesicht hat überhaupt keinen Ausdruck, nur die Augen sind voller Neugier, jede Bewegung des Obersten verfolgend. Dieser macht einen Schritt nach vorne, zwei, drei. Am Ufer angekommen, wo der Boden schon weich ist, duckt er sich nieder und schaut auch in die Augen der Nymphe. Dieses Spiel gefällt ihm. „Du bist Margareta?" fragt er.

Die Nymphe nickt leicht, nahezu unmerklich. Auf seinen Lippen blüht ein kindlich unschuldiges Lächeln.

„Boiar Dinu Raduliade, der Gutsherr von Cărămidari will dich haben. Es wird dir nichts passieren. Er hat etwas mit dir zu klären. Danach bringen wir dich zurück."

„Teuflisch schön, dieses Weib", denkt der Oberst. „Und siehe, die Sau lässt die Brust offen, denkt sie vielleicht, damit kann sie mich fertigmachen? Denkt sie, ich sei ein dummer Rekrut?"

„Nun komm schon", treibt er sie an.

„Komm du", säuselt Margareta.

Der Oberst streckt leicht die Hand zu ihr hin. Die Nymphe bewegt sich nicht. Er ist kurz davor, sie zu berühren. Es sind noch wenige Zentimeter. Mit der anderen Hand sucht der Oberst eine Wurzel oder etwas, an dem er sich festhalten kann, um sich noch mehr nach vorne beugen zu können. Noch ein bisschen… jetzt!

„Hoppla", zieht sich Margareta zurück, und der Oberst fällt schwer wie ein Sack ins trübe Wasser.

„Blöde Kuh! Du Stinksau", flucht der Oberst. Er ist mit Mühe und Not aus dem Schlamm herausgekrochen und versucht, sein Gesicht zu reinigen. Margareta lacht und schlägt sich vor Vergnügen auf den Bauch. „Verflucht! Warte nur, bis ich dich in meinen Händen habe! Warte nur…"

Und wieder spielt die Musik ein düsteres, dramatisches Tempo ein.

Das Boiarenhaus aus Cărămidari. Der kalte Raum, wo sonst Äpfel und Nüsse aufbewahrt wurden. Auf dem Holztisch liegt der Oberst Basarabescu. Sein Gesicht ist mit einem Stück Zeitung bedeckt. An seiner Uniform und an den Epauletten hängen Wasserpflanzen und große Seerosenblätter. Neben den Kerzen, die am Kopf des Toten brennen, bewegt sich ein breitschultriger und grauhaariger Mann. Es ist Costică Grozea, Bankberater.

„Herr Grozea", erklärt ihm eben der Boiar Dinu, „es liegt doch auch in eurem Interesse, das Geld zurück zu bekommen. Und in Zukunft werden wir die besten Geschäfte zusammen machen können. Ich bitte Sie, schauen Sie sich die Kornspeicher an. Ich habe sichere Verträge, ich werde Sie Ihnen gleich in meinem Büro zeigen. Der Markt ist gut, so wie seit Jahren nicht mehr. Sie kennen Herschel, den Brotfabrikanten, er zahlt in Devisen…"

„Ja, ja. Doch höre ich, Ihr habt Probleme mit den Leuten, sie wollen nicht aufs Feld", unterbricht ihn der Berater. „Ich habe die Felder gesehen, sie sehen vielversprechend aus, daran gibt es nichts auszusetzen. Wann glauben Sie, alles geerntet zu haben?"

„Nun ja, es gibt Schwierigkeiten. Die Arbeit kommt jetzt schwer voran. Doch es geht nach vorne. Bleiben Sie ein paar Tage auf dem Gut, dann können Sie sich überzeugen."

Der Berater Grozea zeigt mit dem Spazierstock auf den Toten.

„Es ist also wahr", sagt er, „Ihr könnt jenes Teufelsding nicht fangen, oder? Hatte also recht, Ihr Neffe, wie heißt er nur, Dicles, stimmt's? Sehen Sie, Herr Dinu, wir ermutigen gerne junge Leute. Offen gesagt, Sie werden für fähig gehalten, für einen Menschen mit Zukunft, nicht wie all die Gecken aus dem Café. Ich bin der erste, der aus ganzem Herzen wünscht, dass Sie Erfolg haben mögen. Sie verdienen es wirklich… aber tun Sie etwas, dass diese Gespenstergeschichte zu einem Ende kommt. Wir bei der Bank

haben keine Zeit für solche Geschichten mit Hexen und Marga-
reten. Im Aufsichtsrat unterstützen Sie viele, aber diese Gerüchte
bringen Ihnen nichts Gutes. Dieser da… dieser Offizier, wie heißt
er doch, wie ist er gestorben?"

„Ertrunken."

„Das kann ich auch sehen, Herr Dinu, er ist aufgedunsen und
blau. Aber wie denn?"

„Er ist mit dem Boot auf dem Teich gewesen. Ein Teich, der von
Schwimminseln zugesperrt und trügerisch ist, wo die Wasserpflanzen bis an die Wasseroberfläche wachsen, so dass sich die
Ruder darin verwickeln. Womöglich ist er ungeschickt ins Wasser
gefallen, hat sich in den Pflanzen verheddert, hat sich dann ans
Boot geklammert, bis er es umgekippt hat, hat sich noch daran
festgehalten, hat sich noch gequält, und dann war es aus… Sie
haben ihn mit der Truppe auf dem Teich gesucht, es wurde Alarm
gegeben."

Bemerkst du, die Musik behält ihren schnellen Rhythmus, doch
wird sie auf einmal fade, rau, dürr.

So ist es, wir waren in Salons und Boiarenhäusern, kannten die
gute Gesellschaft und haben die Landschaft der Teiche be-
wundert. Jetzt aber - es war auch die Zeit - sind wir herab zum
Volk gestiegen. Wir befinden uns auf einem Bauernhof. Eine arm-
selige Hütte, überall geflickt, sie sieht aus, als sei überall etwas
zu reparieren, und dann ist das nächste kaputt. Ein armseliger
Zaun, ein mageres Stück Vieh und eine Menge Kinder, halb nackt
und schmutzig. Apopei heißt der Bauer, Ion Apopei, ein armer
Schlucker. Seine Frau Vica, mager wie ein Schatten, gealtert von

der vielen Arbeit und den Entbehrungen, ist wieder schwanger, als wäre die Zahl der hungrigen Mäuler, die sich um den Maisbrei scharen, nicht genug. Ion sitzt vor dem Haus und schaut ins Leere. Es geht ihm immer schlechter. Die Armut überwältigt ihn. Er arbeitet hart von morgens bis nachts, und nichts kommt dabei heraus, als sei er verdammt. Voriges Jahr ist der Wein eingegangen, der Mais ist nicht gewachsen. Nur er weiß, wie sie durch den Winter gekommen sind. Zwei Kinder sind gestorben, seine Mutter ist schwer krank. Die größeren Kinder, auf deren Hilfe er gehofft hat, sind kränklich und ohne jede Kraft.

„Du, Ion, du", jammert seine Frau in einem fort, „siehst du denn nicht, dass wir bald vor die Hunde gehen? Was wartest du? Geh los zum Teich und fang die Teufelin, bevor es andere vor dir tun!"

„Pfui! Verdammt!" spuckt Ion.

Er ist ungefähr vierzig Jahre alt, klein, kräftig und krummbeinig, strohblond, mit blauen, müden, wässrigen Augen. Sein Gesichtsausdruck erzählt nur von Sorgen und Not, in jeder seiner Gesten sieht man die totale Entmutigung. Es gab Überflutungen, sein Garten hatte darunter gelitten, sie hungern jetzt, mitten im Sommer. Er betracht seine großen Hände mit den abgearbeiteten, schwieligen Fingern, rau von so viel Arbeit, und schüttelt den Kopf.

„Hörst du nicht, du Mensch, du… Willst du, dass wir alle krepieren? Was gehen uns die Boiaren an? Geht es ihnen um uns? Du nimmst nur das Geld, die haben ihr Leben, wir haben unser Elend."

Aber Ion ist hier in der Gegend aufgewachsen. Sein Dorf grenzt an die Teiche. Er kennt alle Winkel und alle Gefahren.

„Was schon, wenn sie dich auch ertränkt?", gibt seine Frau nicht auf. „Was dann? Dann wissen wir immerhin, wo wir sind! Der Teufel holt uns sowieso!"

„Schweig, Weib!" Ion will sie anschreien, doch er hat keine Kraft mehr.

„Schweigen!? Warum soll ich schweigen? Sieh deine Mutter an, sieh die Kinder an, denn mich schaust du schon lange nicht mehr an. Was bist du für ein Mann?"

„Gott bestraft uns, Frau."

„Gehst du hin, Mann? Geh doch hin, Mann!" und so ging es die ganze Nacht. Vor Sonnenaufgang, so um vier Uhr morgens, konnte Ion das nicht mehr hören. Er ist aufgestanden, hat seine Hosen angezogen und hat die Mähre vor den Karren gespannt.

„Gehst du hin, Mann?!" wollte die Frau nicht aufhören.

„Es ist eine Sünde, Frau, was du da von mir verlangst." Dann sprach er zu seinem Sohn: Du Ionel, du faules Ding, geh, hole einen Sack aus der Scheune."

„Aber um die Kinder ist es nicht schade?", stritt die Frau weiter mit ihm. "Du, Mann, es sind doch deine Kinder und sie sterben eins nach dem anderen. Gehst du hin?!"

Ion folgt einem nur ihm bekannten Weg, welcher gerade durch das Moor bis ins Innerste der Teiche führt. Er geht zu Fuß vor dem Wagen her, hält das Pferd an den Zügeln und prüft bei jedem Schritt die Tiefe des Schlammes mit einem langen Stock. Um den Hals hat er sich die Peitsche gehängt. Von Zeit zu Zeit schaut er zu seinem Sohn, der wirkt mager und farblos - wie ein Gespenst.

„Schwere Sünde tun wir jetzt, Ionel. Dieses sind Sachen, von denen wir einfachen Menschen weit weg bleiben müssen. Doch siehst du, Hunger ist Hunger und Elend ist Elend. Der Anstand bleibt zurück. Ich selber würde eher den Hungertod sterben. Doch siehst du, ich bin nicht alleine, da sind deine Brüder und du, und deine Mutter ist wieder schwanger. Ich weiß nicht anders. Gott verzeih mir!"

„Schau her, so werden wir vorgehen", belehrt Ion seinen Sohn. „Diese Teufelin ist eine Art Hexe, sie weiß schon jetzt, dass wir kommen und warum wir kommen. Sie ist schlechter als Satan, und falls wir zögern, ertränkt sie uns wie Kätzchen, und alle Unsrigen werden betteln müssen. Wir werden hierbleiben und warten. Sie wird uns suchen. Wenn sie kommt, achte nicht darauf, dass sie halb ausgezogen ist! Du sollst sie nicht als Weib betrachten! Denk nur daran, dass wir hungern! Für sie bekommen wir Geld und werden was zu Essen haben. Verstanden?"

Der Sohn nickt apathisch.

„Sie wird erst zu mir kommen, weil ich der Älteste bin. Du hältst dich in ihrer Nähe auf, gehst ins Wasser und näherst dich, soweit du kannst, von der Seite. Sie hat viel Kraft, doch sie ist letztendlich nur ein Weib! Wenn sie nahe genug kommt, schlage ich mit der Peitsche auf sie ein. So etwas hat sie bis jetzt noch nicht erlebt. Wenn du siehst, dass sie sich vor Schmerz krümmt und brüllt, genau in dem Moment ziehst du ihr den Sack über. Genau in dem Augenblick, sonst sind wir beide verloren und deine Mutter hat nicht mal Geld genug für den Pfarrer. Verstehst du mich, du? Hörst du mich, du?"

Der Junge nickt wieder apathisch.

Am nächsten Morgen, während Charles, der englische Diener, ihm Eier mit Schinken serviert, meint der Boiar Dinu Raduliade:

„Charles, mein Lieber, ich weiß selber nicht, warum es mir an diesem Morgen so gut geht."

„Aber ich weiß es, mein Herr. Wir haben einen Gast im Hause. Diese Nacht haben sie Margareta gebracht."

„Ausgezeichnet", meinte der Boiar Dinu Raduliade und fuhr fort zu essen. „Wer ist der Held?"

„Irgendein Bauer, Apopei heißt er, aus einem Dorf neben den Teichen. Wir haben sie im Keller eingesperrt, davon weiß nur Dionisie, der Verwalter und ich."

„Gut. Sei so nett, Charles, und schenke mir einen Sherry ein, dieses Ereignis müssen wir feiern. Es war schon längst Zeit, die Bank hatte begonnen, mich zu drängen."

Beim Kellereingang verneigt sich Ion Apopei und will dem Boiaren die Hand küssen.

„Lass das ", hält ihn Dinu Raduliade auf, „Sag nur, willst du das ganze Geld jetzt haben?"

„Mein Gott, Boiar, wie soll ein Bauer mit Gold umgehen? Ich muss noch mit meinem Weib reden. Aber ich bitte dich, verzeih Herr, um Holz für mein Haus und Mehl und Kartoffeln, und ich möchte noch…"

Sie steigen alle in den Keller. Hinten, neben der Steinmauer, steht ein Fass. Charles bringt einen Stuhl aus dem Salon. Boiar Dinu setzt sich und zündet sich eine seiner englischen Zigarette an.

„Na gut", sagt er, „sehen wir sie an."

Ion Apopei gibt die Fackel seinem Sohn, nähert sich dem Fass, steckt die Hand hinein bis zum Ellenbogen, flucht zwischen den Zähnen und reißt mit großer Anstrengung die Nymphe aus dem Fass heraus.

„Sie ist kräftig wie ein Stier", keucht er, während Margareta wie ein Tier brüllt. Zum Glück ist sie gefesselt.

Wie gelassen der Boiar Dinu auch sonst sein mag, der Anblick erschüttert ihn. Das Hemd der Nymphe ist fast komplett zerfetzt, und auf den Schultern, an den Armen und auf dem Rücken hat die Peitsche tief gebissen.

„Bitte, bitte", gibt der Boiar ein Zeichen zu Ion, „lass sie ins Wasser. Sie wird alles hören können, was ich sage, und eigentlich wollen wir doch reden. Charles, bitte noch einen Sherry."

„Ich bin trostlos", spricht der Boiar Dinu Raduliade, nachdem er wieder geraucht hat. „Ich bin untröstlich, dass unser Gespräch unter solchen Umständen stattfindet. Wir hätten alles viel friedlicher besprechen können… Nun schauen wir… Du wirst vielleicht sagen, ich handele willkürlich, ich hätte gar kein Recht über dich. Doch vergesse nicht, was geschehen würde, wenn ich dich in den Händen der Bauern ließ. Du wirst vielleicht sagen, es geht mich gar nichts an, was dort auf den Teichen geschieht. Aber du hast die von mir geschickten Leute ertränkt, und so habe ich allen Grund, dich fest zu halten. Du bist also in meiner Macht. Doch lassen wir die Drohungen. Ich wünschte, wir verständigten uns. Ich habe dich mit einem bestimmten Zweck hierher-

gebracht. Kurz gesagt, mir geht es nur um das Gut, und da habe ich einen großen Kummer. Es wütet hier ein Wolfsmensch, sein Name ist Ulrich, du müsstest schon von ihm wissen. Er würgt Mädchen, stört die Ordnung im Dorf, bringt Schrecken über meine Bauern und bringt die Arbeit auf dem Feld durcheinander. Und all dies jetzt, wo die Ernte in vollem Gange ist. Ich denke, du hast schon verstanden, was ich von dir verlange. Wir werden dich auf unseren Fischteich bringen. Du lockst ihn an, so wie du es immer machst und ertränkst ihn. Danach, mein Ehrenwort, kommst du wieder ins Fass, und ich lasse dich zu deinen Teichen zurückbringen. Es ist deine einzige Chance. Du sollst nicht ans Wegrennen denken, unsere Bäche führen zwar dorthin, aber die Gewässer sind niedrig, und du wirst nicht schwimmen können. Die Hunde würden dich zerreißen. Es steht demnach in meiner Gewalt, ob du zu deinen Teichen zurückkehrst."
Einige Minuten war es still. Aber der Boiar Dinu hat keine Eile, er raucht ruhig seine englische Zigarette. Dann beginnt das Wasser sich zu trüben. Ein weißer Arm hebt sich wie eine Schlange aus dem Wasser heraus, zieht den anderen hinterher, da ihre Arme gefesselt sind. Die Nymphe streckt sich über den Rand des Fasses hinaus und spritzt Wasser auf den Anzug des Boiaren wie aus einen Springbrunnen.
„Du sollst ihn verjagen", sie zeigt auf den Bauern, „Er hat mich ausgepeitscht… Schau, was er mir angetan hat."
„Seien Sie vernünftig, Boiar", keift Ion Apopei, „diese Verfluchte ertränkt uns beide in dem Fass."

„Zieh dich ein paar Schritte zurück, Mensch", hält ihn der Boiar an, „wir sind doch vier Männer hier, mit deinem Sohn sogar fünf." Margareta ist bis zur Mitte aus dem Fass hervorgekommen und lehnt sich mit den Ellenbogen auf die Holzkante. Beim schwachen Licht der Fackel ist sie eine sehr unwirkliche Erscheinung. Boiar Dinu, sonst erfahren und kaltblütig mit weiblichen Reizen, fühlt einen Knoten im Hals. Er kann seine Blicke nicht von der schön gezeichneten Linie der Schultern und Arme lösen. Die nackten Brüste schwanken bei jeder Bewegung. Der Frauengeruch… oh Gott, denkt der Boiar, hätte ich sie auf dem Teich angetroffen, hätte sie mich auch überwältigt, so wie die anderen…

„So, Boiar", flüstert Margareta, „also das… Das willst du von mir. Warum hast du es nicht gleich gesagt? Warum bist nicht du an den Teich gekommen? Warum musstest du diese groben Burschen schicken? Wärest du gekommen, wäre es ganz anders gewesen…"

„Daran zweifle ich nicht", scherzte Dinu. „Doch lassen wir das. Was war, ist vorbei. Kommen wir zu unserer Angelegenheit zurück. Bist du einverstanden?"

„Ja, das bin ich…. Wenn du mich bittest, dann bin ich einverstanden…"

Die Musik verklang langsam. Im Saal hörte man Applaus und es wurde hell. Vladi blieb ratlos stehen, bis zuletzt hatte ihn die unwirkliche Erzählung verblüfft, und das unerwartete Ende hatte ihn in der Luft hängen lassen. Er schaute eilig zurück, um den Geschwätzigen, der so viel Blödsinn geredet hatte, zu sehen. Doch er war nicht ausfindig zu machen, die Leute waren schon aufgestanden und drängten sich zum Ausgang. Vladi wollte ihn dennoch sehen. Es waren nicht viele Gäste, zwanzig, dreißig Personen. Wer geht schon morgens zum Konzert? Steif und immer noch gereizt, kam Vladi aus dem Saal heraus. Am Eingang wurde in kleinen Gruppen kommentiert, man rauchte, zeigte auf Plakate und deutete auf die Namen verschiedener Musiker. Verwirrt durch den plötzlichen Übergang von Dunkelheit zum Sonnenlicht, fragte Vladi irgendjemanden:

„Entschuldigen Sie bitte, was haben Sie von dieser Musik verstanden?" Er bedauerte es gleich, er hatte einen dicken Mann mit aufgedunsenem Gesicht angesprochen. Der Mann war unrasiert, trug ein bis zum Nabel aufgerolltes Hemd, roch nach Schweiß und schlechtem Wein.

„Was? Was sagst du? Was soll ich verstehen? Welche Musik, ich habe nur geschlafen", gähnte der Mann genüsslich. „Puh, wie ich geschlafen habe!"

„Über Musik kann man gar nicht mehr reden!" äußerte sich ein junger Mann. „Es gab dort einen Idioten, der in einem fort das Konzert kommentiert hat, und nur Blödsinn. Flüstern, Flüstern, so ging es die ganze Zeit. Warum können diese Leute nicht zu Hause bleiben?"

Vladi erinnerte sich an seine Zugverbindung und schaute auf die Uhr. Hei, sein Zug fuhr in zwanzig Minuten. Er verließ die Gruppe und eilte zum Bahnhof. Im Zugabteil setzte er sich ans Fenster und begann zu rauchen und die Leute zu betrachten. Er erinnerte sich an seine Probleme, an seine wahnsinnige Liebe zu… zu wem? Wer war das Mädchen, das ihn so verrückt machte?

Wieder hatte er dunkle Gedanken. Er warf die Zigarette weg und schaute einige Minuten lang in den Spiegel an der Abteilwand, schaute beinahe mit Hass seine müde, graue Figur an…

„Zum Teufel!" Er biss die Zähne zusammen.

Der Zug setzte sich in Bewegung. Zum Glück war er alleine im Abteil, so musste er nicht jemand anderen ertragen. In ein paar Stunden würde er zuhause sein, er würde sie treffen. Und dann?

Der Zug war weg, und der kleine Provinzbahnhof blieb leer, nur ein Beamter beschäftigte sich noch ein wenig am Informations-schalter.

Der Konzertsaal war auch leer, die Musiker hatten ihre Instru-mente mitgenommen und jeder war seines Weges gegangen. Die Frau im blauen Kittel hatte den Boden gefegt, die Vorhänge zugezogen, das Licht ausgemacht, die Türen abgeschlossen und war auch nach Hause gegangen. Im Saal herrschte nun Dunkel-heit und Stille.

Doch dort, auf dem Landgut von Cărămidari, geht das Märchen fort. Es ist Donnerstag, Empfangstag beim Boiaren Dinu Raduliade, dem Fortschrittlichen, und ausnahmsweise wird heute Champagner getrunken. Den ganzen Tag war der Hof voller Lastwagen. Säcke wurden aufgeladen. Saisonarbeiter liefen hin und her. Charles, der englische Diener, atmete beruhigt auf. Für den Moment war die Gefahr gebannt, die Leute von der Bank waren zufrieden, sie wollen den Kredit erweitern und sprechen von neuen Terminen.

Der Boiar Dinu liegt in der Badewanne. Er ruht bewegungslos im heißen Wasser und entspannt sich. Er hat einen schweren

Tag gehabt. Die englischen Zigaretten liegen daneben und eine süße Müdigkeit hat ihn befallen.

„Boiar, Boiar…", hört er wie im Traum eine Stimme singen. Es kann keine Verwechslung sein… Nein, es ist keine Halluzination, auf seiner Brust ruht weich der wundervolle Arm Margaretas.

„Margareta!" ruft Dinu entzückt aus. Überrascht weiß er gar nicht was er tun soll, fragt sich nur, ob es angebracht sei, sich zu beunruhigen.

„Ich bin es, Boiar. Ich bin zu dir gekommen."

„Na schau an. Doch wie?"

„Oh, aus dem Fischteich… durch den Bach, durch den Kanal, durch die Leitung, durchs Rohr. Ich bin zu dir gekommen."

Dinu versuchte die Lage kühl zu erkennen. Der Arm ruht weich auf ihm, wie eine Pflanze. Man kann auch noch einen Bluterguss erkennen, die Peitschenstriemen sind noch nicht geheilt. Soll er Charles rufen, soll er ihn alarmieren? Oder soll er sich selbst hoch-reißen? Mit den Händen und den Fersen prüft er Stützpunkte in der Badewanne, doch das Wasser ist voll Seifenschaum und alles rutscht. Ist das nicht vielleicht…?

„Na gut, hast du Ulrich gefunden? Hast du ihn verlockt?"

„Ich habe ihn gefunden, Boiar. Habe ihn angelockt."

„Hast du ihn ertränkt?"

„Ich habe ihn nicht ertränkt, Boiar. Ich habe ihn geheiratet."

„Was du nicht sagst", lacht Dinu auf. „Welcher Priester hat euch getraut?"

„Wozu brauche ich denn einen Priester?" antwortet Margareta scharf und versenkt Dinus Kopf unter Wasser. „Ich habe ihn geheiratet und damit hat es sich!"

Der Boiar prustet Wasser durch die Nase, der weiße Arm hat ihn losgelassen, doch es hat genügt, um dessen Kraft zu spüren. Er hatte keine Chance sich zu widersetzen. Sollte er Charles rufen?

„Na gut", setzte Dinu fort, als er wieder zu sich kommt, „jetzt, wo du verheiratet bist, was suchst du bei einem Mann? Und noch dazu im Badezimmer? Weiß dein Mann davon?"

„Er weiß es, Boiar, warum sollte er es nicht wissen? Doch du verjagst ihn…"

„Was?!"

„Du hetzt alle gegen ihn auf und würdest alles tun, um ihn zu verderben. Du würdest ihn verfolgen und jagen und nie in Ruhe lassen."

„Wie?! Wirst du mich auch ertränken, so wie alle anderen?!"

„Nein, Boiar", flüstert Margareta und schmiegte ihre Wange an seine, während sie ihm den Kopf erneut unter Wasser drückt. „Nicht wie die anderen! Dich bewundere ich, dich liebe ich! Du bist ein richtiger Mann, du bist schön, du bist sauber und parfümiert, du ziehst dich elegant an, du rauchst Zigaretten wie kein anderer, du reitest einen Vollblüter, du bist ein Boiar von adliger Herkunft, du bewegst dich immer mit Bedacht, und jedes Wort von dir… Alle Mädchen aus der Umgebung haben dich gewollt, doch nur ich werde dich haben!" Und Margareta presste mit aller Kraft einen wahnsinnigen Kuss auf den vom Tod verzerrten Mund des Boiaren.

Als einziger Blutsverwandter hat Dicles, der dekadente Maler, das Landgut von Cărămidari geerbt, zusammen mit dem

Boiarenhaus, den Feldern, dem Wald und den Schulden. Der Unglückliche hatte von nun an keine Ruhe mehr gehabt. Dionisie, der Verwalter, und die Beamten von der Bank haben ihn den ganzen Tag gehetzt. Dicles aber, nein und nein, er sei Maler und bleibe Maler, es weiß doch jeder, was zu tun war. Boiar Dinu, Gott verzeihe ihm, hatte jedem einzelnen genaue Anweisungen gegeben.

Allmählich wurde die neue Dorfschule fertig. Dann das Spital und das Waisenhaus. Bis zum folgenden Jahr waren auch die Bewässerungskanäle fertig und auch die Mühle – genauso wie es sich der verstorbene Boiar Dinu ausgedacht hatte.

Doch Dicles hatte keine Ruhe mehr. Bis zuletzt hat man ihn überredet sich wie ein Boiar anzuziehen. Es ging nicht anders, er musste seine langen Haare schneiden, mit der Bank umgehen, mit den Kornhändlern verhandeln, und der englischen Landwirtschafts-zeitung antworten, deren Ratschläge kein Ende fanden. Dionisie ließ ihm keine Freizeit, er weckte ihn früh morgens und schleppte ihn auf die Felder. Selten, an manchen Sonntagen, wenn gar kei-ne Arbeit mehr war, falls so etwas auf einem ländlichen Gut mög-lich war, konnte Dicles seinen Farbkasten und die Pinsel nehmen. Er ging ganz allein über die Berge, um Landschaften zu suchen. Den ehemaligen Drang hatte er aber nicht mehr. Er schaute auf den leeren Karton und erwähnte immer den rstorbenen Dinu: „Onkel, Onkel, was hast du mir angetan! Wegen deiner Dumm-heit bin ich nun ein Bauer geworden."

Über Margareta weiß man, dass sie bis zum Ende ihrer Tage mit Ulrich zusammengeblieben ist. Sie haben sich ein Holzhäuschen

am Seeufer gebaut und wie alle anderen von der schweren Feldarbeit gelebt. Die Bauern haben sie lange gehasst und gefürchtet. Dennoch hat man sie in Ruhe gelassen, das Dorf war satt von so viel Grauen. Und dann, als ihr Hof sich mit Kindern füllte, normale Kinder, die nicht Wolfsmenschen oder Nymphen zu sein schienen, wurde die Legende vergessen. Es kam die Zeit und Ulrich und Margareta waren nun zwei Greise auf einer Holzbank vor dem Zauntor, und viele Enkelkinder krabbelten um sie herum. Die einstigen Gruselgeschichten wurden von niemandem mehr geglaubt. Einige sagten, Ulrich und Margareta hätten sich wie zwei Turteltauben geliebt. Man hatte sie keinen Augenblick getrennt gesehen, und sie waren ein schönes Beispiel für eine nette und ruhige Familie. Andere wiederum sagten, sie hätten sich wie Katz' und Hund' vertragen. Ulrich hätte sie täglich verdroschen, dass das ganze Dorf Mitleid mit ihr hatte, und dass er besoffen der unmöglichste Mensch war.
Doch letzten Endes, was geht uns das an?